CONSIDÉRATIONS
IMPORTANTES
SUR LA SITUATION
ACTUELLE
DE LA RÉPUBLIQUE,

Présentées à la Convention nationale, par le citoyen GIRAULT, *député du Département des Côtes du Nord, 1er Décembre 1792.*

Quousquè tandem?.....

A PARIS:

De l'Imprimerie de J.-B.-Jph DUBUC, & d'Ant.-Jph GORSAS.

MDCCXCII, (l'An Ier de la République.)

CONSIDÉRATIONS IMPORTANTES, SUR LA SITUATION ACTUELLE DE LA RÉPUBLIQUE.

LA conjuration eſt à découvert : elle marche à ſon but par des voies, tantôt directes & tantôt détournées ; mais toutes également impoſſibles à méconnoître.

Je ne rappellerai point tout ce qui a été développé ſucceſſivement à la tribune, & dans des écrits multipliés, ſur cette foule d'événements, de violences & de calamités poſtérieures à l'époque du 10 Août, & continuellement renaiſſants ;

Je ne rappellerai point la violation publique des loix, la réſiſtance aux décrets du ſouverain, ni les rumeurs populaires, les libelles, les harangues ſéditieuſes, ni les concuſſions audacieuſes :

Je me bornerai, citoyens, à vous dénoncer un systême existant & concentré entre un petit nombre d'initiés pour envahir l'autorité suprême, pour faire dominer une section du peuple sur la République entière.

Les auteurs & les collaborateurs de ce projet impie vous sont assez connus. Pour y parvenir, il n'est rien que l'audace & la témérité ne soient capables d'entreprendre; et ce sont ceux-là même qui ont gouverné, jusqu'ici, les mouvements de la commune & ceux des sections de Paris.

Les provocations dans la capitale, les insurrections au dehors, la corruption, les séductions, les entraves à la circulation des subsistances, sont fomentées & entretenues par-tout, par leurs émissaires; tandis que la diffamation & les calomnies sont répandues sous vos yeux, avec profusion, tant contre les agents du pouvoir exécutif, à qui nous devons le plus de reconnoissance, que contre les membres les plus purs de cette assemblée.

La classe tout-à-fait ignorante & inférieure du peuple, est en même temps amusée par des insinuations perfides & chimériques, sur la promulgation prochaine de la loi agraire; et comme il est nécessaire à l'appui de leurs desseins, de vous décréditer, de vous flétrir dans l'opinion du peuple, en général, les mêmes hommes qui s'emploient journellement à entraver vos délibérations, à retarder ou empêcher l'émiſſion des loix repreſſives ; ces mêmes hommes s'en vont par-tout, déclamant contre votre impuiſſance & votre incapacité.

Non contents de ces machinations, ils s'occupent à vous iſoler, à vous retenir, ſans appui, à la diſcrétion de leurs ſatellites. C'eſt là le grand objet de cette réſiſtance forcénée à l'organiſation de la force départementale.

Citoyens, je crois les chefs de ce parti peu nombreux ; je les crois même indécis ſur l'eſpèce & la forme de tyrannie qu'ils ſe propoſent d'établir : d'accord ſur un point ſeulement, qui eſt de s'emparer violemment de l'autorité (& de diſſoudre la Convention), ils méditent, en ſecret, la ruine l'un de l'autre, dans l'eſpoir de la ravir excluſivement ; tout le reſte n'eſt qu'une cohue d'intrigants ſubalternes, qui s'agite aveuglément, ſans autre ambition que les proſcriptions & le pillage.

Je crois encore que leur triomphe ſeroit de peu de durée, & ſuivi d'un châtiment prompt & terrible ; mais il ſeroit à craindre que, de cette ſubverſion momentanée, on ne vît tout-à-coup s'élever un nouveau régime d'oppreſſion (*le gouvernement militaire*), & que nos ſoldats cherchant, & ne retrouvant plus la patrie dans ce centre de réunion viſible, formé par la Convention nationale; que nos armées, dis-je, ne devinſſent les armées de Céſar ou de Pompée, au lieu des armées de la République.

Alors, on verroit le plus habile, ou le plus heureux de leurs chefs, ſemblable à la verge d'Aaron, s'aſſeoir inſolemment ſur nos têtes, après avoir dévoré ſes compétiteurs.

Enfin, citoyens, les choſes en ſont au point, qu'il eſt évident, pour toute perſonne qui n'a pas renoncé à ſon jugement, à ſa patrie, à ſa famille, à ſa vie même, que la choſe publique va, tout-à-l'heure, périr entre vos mains, ſi vous ne vous hâtez de la ſauver par une détermination vigoureuſe & tranchante, & dont le pouvoir eſt peut-être tout prêt de vous échapper.

L'extrême majorité des habitants, ainſi que de la garde nationale de Paris, eſt excellente; je le ſais : mais une eſpèce de ſtupeur, d'incertitude & d'ignorance, ſur le fonds & l'état réel des affaires qu'on s'applique à lui déguiſer, rendront ſes forces & ſes intentions inutiles, comme elles l'ont été dans la criſe des premiers jours de Septembre, jusqu'à ce que, déchirant le voile qui couvre ces odieux mystères ; jusqu'à ce, dis-je, que vous vous soyez déclarés vous-mêmes, en appellant ouvertement les bons citoyens au secours de la République.

Paris est, en ce moment, dans l'état où se trouva Rome au temps de Catilina : la conjuration répandue au dehors, au dedans de ses murs, & dans le sein du sénat même.

Si les nouveaux conjurés ne réunissent pas ces avantages de naissance, ces talents & cette intrépidité, dont se prévaloient Catilina & ses complices, ils possèdent, en un degré égal, la fourberie, l'audace, la soif du sang, & surtout un avare desir du bien d'autrui : --- ils ont, comme ces conspirateurs célèbres, assez de facilité à parler, peu de savoir & peu de prudence ; ils aspirent, comme eux, à des choses excessives & supérieures à leurs forces, sans s'embarrasser ni de la justice, ni de la possibilité, ni même de la stabilité de leur entreprise.

Nous voyons, au front de leurs chefs, cette couleur pâle, ces regards effarés, cette démarche à-la-fois farouche & incertaine, qu'on remarquoit à l'aspect de ces cruels destructeurs de Rome ; tous les signes enfin qui décèlent à-la-fois la terreur secrète de l'ame & le trouble du jugement.

Catilina attendit, pour éclater, le moment où les armées étoient occupées hors de l'Italie ;

Catilina calomnioit les gens de bien, profanoit le mot de liberté, alors qu'il s'appliquoit à consommer l'opprobre & la servitude ;

Catilina rassembloit fréquemment ses amis, les enflammoit par des harangues séditieuses ;

Catilina lia, dit-on, ses complices par d'horribles serments, qui furent ensuite scellés par une libation de sang humain, comme prémices du sang des consuls & des sénateurs, qu'ils se disposoient à répandre : Nous voyons ici réunies, depuis le 10 Août, les mêmes mesures, les mêmes horreurs, & des circonstances semblables.

Les choses en étoient à cette extrémité, lorsque Cicéron se décida à en faire son rapport : aussitôt le sénat ordonna de pourvoir à ce que la République ne reçût aucun dommage ; formule qui déféroit aux consuls un pouvoir illimité.

Alors on vit, comme parmi nous, se déployer, à la tribune, des espérances & des sentiments divers, déguisés sous les dehors d'une philoſophie fauſſe, dans les détours d'une logique & d'une éloquence inſidieuſes.

César affectant de diſſimuler le danger, & confondant des maximes vulgaires, de morale & d'humanité avec les conſidérations impérieuſes de la ſûreté & du ſalut de la République, entraînoit déjà les eſprits ; mais, Caton, qui prit la parole après lui, détruiſit auſſitôt tout cet échafaudage, par cet aſcendant victorieux de la vérité & de la vertu ſoutenues d'une éloquence véhémente & auſtère.

Il dit que la grandeur & l'urgence du péril ne pouvoient ſupporter ni compoſition, ni la lenteur des formalités :

Il dit qu'il s'agiſſoit de ſavoir ſi l'empire devoit ſubſiſter ou non ; --- ſi l'on vouloit vivre ou ſe réſoudre à mourir, pour épargner le ſang de quelques ſcélérats.

« L'ennemi eſt à vos portes, ajouta l'orateur ; il eſt dans le ſénat même ; il eſt informé de vos délibérations. Je ne ferois pas ces efforts, ô Romains ! pour vous empêcher de faillir, s'il y avoit du remède après la faute commiſe » : et concluant enfin à ce que les coupables dont on s'étoit ſaiſi, fuſſent envoyés, ſur le champ, au ſupplice ; le ſénat tout entier paſſa à cet avis ; et la République fut sauvée pour cette fois.

O destinée fatale ! ô triste conformité de la République romaine & de notre République naissante, toutes deux prêtes à périr par les mains des plus infames de leurs concitoyens, au milieu des glorieux triomphes & des brillants trophées de la victoire !

Quant à moi, citoyens, je ne demande la mort ni la ruine de nos ennemis ; je ne sollicite pas même de recherches contre ceux qui méditent, en ce moment notre destruction ; j'ose compter encore sur leurs remords : mais je demande seulement que, fidèles à vos devoirs, & ensevelissant tout le passé dans l'oubli, vous les mettiez hors d'état de consommer leurs funestes projets, & d'arrêter plus long-temps le cours de nos destinées.

Je propose, en conséquence, les décrets suivants :

PROJET.

La Convention nationale, considérant la situation périlleuse où elle se trouve engagée, par les machinations perfides d'une faction destructrice de toute autorité légale, désorganisatrice de tout systême politique & social,

& voulant pourvoir au ſalut de la République, dont les deſtinées lui ſont confiées, décrète ce qui ſuit :

PREMIER DÉCRET.

ARTICLE PREMIER.

La Convention déclare la liberté & l'égalité en péril : elle invoque le concours & la réunion de tous les véritables amis du bon ordre & de la paix,

I I.

La permanence des ſections étant déſormais abuſive & ſans objet, demeure interdite & ſuſpendue.

I I I.

Le commandant-général de la garde pariſienne eſt remercié & ſuſpendu.

I V.

La force publique, toute entière, eſt remiſe entre les mains & à la diſpoſition du pouvoir exécutif; à la charge de rendre compte de ſes diſpoſitions à la Convention nationale.

DEUXIÈME DÉCRET.

Loi de circonſtances.

ARTICLE PREMIER.

Toute dénonciation gratuite, dénuée de faits, de pièces ou de témoignages, & qui n'aura d'exiſtence que dans la malice ou le délire des dénonciateurs, ſera puni par un banniſſement de deux années, hors du territoire de la République.

II.

Toute dénonciation fondée & juſtifiée par des prévarications exiſtantes, obtiendra une récompenſe proportionnée à l'importance du délit, laquelle ne pourra être au-deſſous de 3, ni au-deſſus de 6,000 liv.

III.

Tout Imprimeur qui ne repréſentera pas la minute avouée & ſignée de l'auteur d'un écrit; tout colporteur ou afficheur qui ne pourra pas citer l'Imprimeur des écrits qu'il feroit chargé de répandre, ſeront conſidérés comme étant les auteurs eux-mêmes de ces calomnies, & punis de deux années de banniſſement.

TROISIÈME DÉCRET.

SUBSISTANCES.

La Convention nationale, conſidérant que toutes les propriétés foncières ne peuvent être regardées que comme des adminiſtrations ; conſidérant enfin que les citoyens habitant le territoire de la République, ſe réſervent un droit de préférence ſur l'uſage des productions de la terre, à la défenſe & à l'intégrité de laquelle ils ſe ſont obligés de concourir, & confirmant, en outre, les diſpoſitions de ſes précédents décrets, concernant la prohibition de la ſortie des grains à l'étranger, décrète :

ARTICLE PREMIER.

Tout propriétaire agricole demeurera conſtamment le maître de diſpoſer, commercer, faire circuler ou retenir le produit de ſes récoltes.

I I.

Les ſpéculations ou achats de grains, ſont

interdits à tout capitaliste ou négociant non-cultivateur, & les cultivateurs eux-mêmes ne pourront commercer, dans ce genre, que de ce qui leur sera propre; sauf les autorisations spéciales, relatives à l'approvisionnement des armées, des colonies, aux transports d'un département dans un autre, &c.; lesquelles opérations demeureront soumises à la direction & à la surveillance du ministre de l'intérieur.

I I I.

Dans le cas où, par suite de disette ou d'intempérie locale, le pain viendroit à excéder le prix de 3 sols la livre de seize onces, la caisse de l'extraordinaire (sur la requisition des corps administratifs) sera chargée de maintenir ce *maximum* de 3 sols, & de fournir à l'excédant.

I V.

Le montant de ces dépenses de secours accidentel, devra être réparti dans l'imposition de l'année qui suivra, & cette augmentation ne pourra porter que sur les contribuables dont le revenu estimatif se trouvera dans le rôle au-dessus de 500 liv.; de sorte que le pauvre peuple, dans toutes les suppositions, soit assuré de vivre, & de trouver son nécessaire dans l'humanité & la munificence de ses concitoyens.

QUATRIÈME DÉCRET.

ARTICLE PREMIER.

Il est enjoint à toutes les municipalités, de procéder, dans l'espace de trois mois à dater de la publication du présent décret, à la confection générale des rôles, & au recouvrement de toutes les espèces de contributions arriérées de 1790, 1791 & 1792, & d'employer, à cette fin, toutes les voies & contraintes qui sont à leur disposition; à la charge, par lesdites municipalités, d'en répondre, & personnellement, & solidairement; sauf à distraire de cette responsabilité, les quotes des citoyens qui justifieroient d'une véritable insolvabilité.

www.ingramcontent.com/pod-product-compliance
Lightning Source LLC
LaVergne TN
LVHW010217230826
846091LV00008BB/3558

* 9 7 8 2 0 1 9 2 3 4 5 4 6 *